AF359538

# FOIRE DE HANOI

Ouverture reportée au 10 Décembre 1922
Fermeture le 24 Décembre 1922

Je vais à la Foire

# PRINCIPAUX HOTELS DE HANOI
## ET DU TONKIN

**HANOI**

| | |
|---|---|
| Hôtel Métropole | *Bd. Henri Rivière.* |
| Hôtel du Coq d'Or | *id* |
| Hôtel de France | *Bd. Dong Khanh.* |
| Hôtel de la Paix | *Rue Paul Bert* |
| Hôtel des Colonies | *Rue Jules Ferry 80.* |
| Hôtel de la Gare | *Bd. Gambetta* |
| Hanoi-Hôtel | *Rue Paul Bert* |
| Hôtel Terminus | *Rue Paul Bert* |
| Hôtel des Coloniaux | (Annam.) *rue de la Citadelle* |
| Hôtel Anatusila | (jap.) *49 rue Vieille des Tasses.* |
| Hôtel Oyama | (jap.) *13 rue de la Citadelle.* |
| Hôtel Dong-Loi | (annam.) *Bd. H. d'Orléans* |
| 4 Hôtels chinois : | Yet On-Hing, Quan-Va-Chan. Cong-Vo-Chan et Doan-Bac, *route Mandarine près de la gare* |
| Pensions de famille | M^me Deprat *II rue de l'Est* M^me Picard *25 rue Gambetta* M^me Marty *5 r. Borgnis Desbordes.* |
| Chambres | M^me Baudot *5 rue Leclanger.* M^me Le Guern *70 r. Jules Ferry* |
| Haiphong | Hôtel du Commerce Hôtel de l'Europe Hôtel de la Gare |
| Doson | Dôson Hôtel |
| Hongay | Hôtel de Hongay |
| Namdinh | Hôtel Baron |
| Tuyên quang | Hôtel Sauguet |
| Laokay | Hôtel Morellon |
| Chapa | Hôtel Jourlin |
| Langson | Hôtel de la Poste |
| Caobang | Hôtel Ferrière Hôtel Létourneau |
| Dapcau | Hôtel Gougenheim |
| Tamdao | Hôtel de la Cascade d'Argent |

# De Saigon à Hanoi par voie de terre

| Chemin de fer | | Vendr. |
|---|---|---|
| Saigon. . . . | 5ʰ 33 | 21ʰ 15 |
| Biên-hoa . . | 6.31 | 22.17 |
| Xuan Loc. . . | 8.03 | 23.31 |
| Giaray, . . . | 8.42 | 0.04 |
| Muong-Man, | 10.56 | 2.08 |
| Phanthiet D. | 10 20 | 17ʰ |
| Song-Mao. . | 13.17 | 3.51 |
| Tourtjame. (A. | 15.50 | 5 50 |
| (Phanrang) (D. | 16.50 | 6.19 |
| Trai-Ca. . . . | 17.19 | 7 18 |
| Nga Ba . . . | 17.36 | 7.33 |
| Bangoi D. | 17.20 | 7 18 |
| Suoi-Dau . . | 18.39 | 8.19 |
| Nhatrang . . | 19.05 | 8.40 |
| (Hôtel) | | |

### Service automobile

| | | |
|---|---|---|
| Nhatrang D. | 6ʰ. | |
| Ninh Hoa . . | 8.30 | |
| Tuy-Hoa { A. | 13.20 | |
| { D. | 14.20 | |
| Song-Cau . . | 17.30 | (repas) |
| Quinhon A. | 19.15 | |
| (Hôtel Anziani) | | |
| Quinhon D. | 6 | |
| Binh-dinh. . | 6.40 | |
| Bong son. . . | 9 | |
| Quang-Ngai { A. | 11.43 | (repas) |
| { D. | 12.45 | |
| Tam-ki. . . . | 15.10 | |
| Faifo. . . . . | 17.10 | |
| Tourane . . . | 18.30 | |
| (Hôtel Morin) | | |

### Chemin de fer Tourane-Dongha

| | | | |
|---|---|---|---|
| Tourane D. | 5ʰ50 | 13ʰ50 |
| Lang-Co . . . | 7.27 | 15.29 |
| Hué. A. | 9.16 | 17.43 |
| (Hôtel Morin) | | |
| Hué D. | 5.40 | 14.28 |
| Quang-Tri. . | 7.15 | 16 50 |
| Dongha . . . | 7.36 | 17.16 |

### Service automobile Dongha-Vinh

| | | |
|---|---|---|
| Dong-Ha D. | 8ʰ | |
| Dong-Hoi { A. | 12 | Bungalow |
| { D. | 13 | Déjeuner |
| Hatinh. . . . | 18.30 | |
| Vinh vers . . | 22ʰ | |
| (Grand Hôtel Vinh) | | |

### Chemin de fer Hanoi-Vinh

| | | | |
|---|---|---|---|
| Benthuy D. | 6ʰ30 | 13ʰ52 |
| Vinh D. | 6.50 | 14.19 |
| Phu-dien. . . | 8.06 | 15.53 |
| Yen Ly . . . . | 8.32 | 16.23 |
| Hoang-Mai. . | 9.19 | 17.41 |
| Thanh-Hoa { A. | 11.15 | 20 04 |
| { D. | 12 | 5.30 |
| Ninh Binh. . | 14.01 | 8.01 |
| Namdinh. . . | 14.57 | 9.15 |
| Hanoi . . . . . | 17.42 | 12.41 |

# HÔTEL MÉTROPOLE HANOI

## Hôtel de 1er Rang

### RENOMMÉ DANS TOUT L'EXTRÊME-ORIENT

120 chambres et 140 lits
Dont 10 appartements avec salon et
salle de bain
60 chambres avec bain - 50 avec douche

Halls de Conversation
Salons de Musique et de Lecture
Grand café avec Billards
Chambre Noire
Grand jardin d'agrément

### Orchestre Symphonique

Thés, dîners et soupers dansants - Grands Bals

Cuisine, Pâtisserie et glaces
renommées

### Service en Ville

### Prix de la journée

Logement, petit déjeuner, déjeuner et diner
Depuis $ 7.00 jusqu'à $ 12.00

### Réductions proportionnelles aux séjours

A débattre à l'arrivée

English spoken — Se habla espanol
Man spricht deutsch
Adr. Télég. : Métropole Hanoi
Téléphone Nos 60 et 334

# De Hanoi à Saigon par voie de terre

## Chemin de fer Hanoi - Vinh

| | | | |
|---|---|---|---|
| Hanoi | D. | 6ʰ03 | 12ʰ55 |
| Nam-Dinh. . | | 9.03 | 15.34 |
| Ninh Binh . | | 9.57 | 17 40 |
| Thanh-hoa A. | | 11.57 | 19.58 |
| (Buffet) | | | |
| Thanh-hoa D. | | 12.42 | 5.47 |
| Hoang-Mai. . | | 14.42 | 8.13 |
| Yèn-Ly. . . . | | 15.26 | 9.17 |
| Phu Dien. . . | | 15.56 | 9.57 |
| Vinh { A . . | | 17.09 | 11.22 |
| Vinh { D . . | | 17.15 | 11.28 |
| Ben-Thuy . . | | 17 28 | 11.41 |
| (Grand Hôtel Vinh) | | | |

## Service automobile Vinh-Dong-ha

| | |
|---|---|
| Vinh. . . . . | 4ʰ |
| Ha-Tinh . . . | 6.15 |
| Dong-hoi { A. | 12.15 |
| Dong-hoi { D. | 13 |
| Dong-ha. . . | 17 |

## Chemin de fer

| | | |
|---|---|---|
| Dong-Ha. . . | 9ʰ30 | 17ʰ30 |
| Quang-Tri . . | 10.20 | 17.53 |
| Hué A . . . | 12 02 | 19.26 |
| (Hôtel Morin) | | |
| Hué D. . . . | 14ʰ 0 | 6ʰ07 |
| Lang-co. . . . | 16.49 | 8.13 |
| Tourane. . . | 18.05 | 9.37 |

## Service automobile

| | | |
|---|---|---|
| Tourane . . . | 6ʰ5 | |
| Faifo. . . . . | 7.10 | |
| Tamky. . . . | 9 20 | |
| Quang-Ngai { A. 11.45 | | (déjeuner) |
| Quang-Ngai { D. 12 45 | | |
| Bongson . . . | 15.30 | |
| Binhdinh. . . | 17.50 | |
| Quinhone. . . | 18 50 | |
| (Hôtel Anziani) | | |
| Quinhon . . . | 6.5 | |
| Song-Cau. . . | 7.50 | |
| Tuy-Hoa { A. 10.50 | | (déjeuner) |
| Tuy-Hoa { D. 11.50 | | |
| Ninh-Hoa . . | 16.50 | |
| Nhatrang. . . | 19.10 | |

## Chemin de fer

| | | Dimanche |
|---|---|---|
| Nhatrang. . . | 5ʰ30 | 16ʰ26 |
| Suoi-Dau . . | 5.28 | 16.47 |
| Bangoi A . . | 7.15 | 17.50 |
| Nga Ba . . . . | 7.06 | 17.40 |
| Trai Ca. . . . | 7.20 | 17.50 |
| Tour'jame (A. | 8.36 | 18.47 |
| (Phanrang) (D. | 8.50 | 20.48 |
| Song-Mao. . | 11.32 | 22.44 |
| Muong-Man. | 13.52 | 0.82 |
| Giaray . . . . | 16 09 | 2.48 |
| Xuan-Loc . . | 16.42 | 3.21 |
| Bien-Hoa . . | 18 12 | 4.55 |
| Saigon . . . . | 19.10 | 6. |

# HOTEL du COQ D'OR

Le meilleur Restaurant

Luxueuses Annexes

Chambres du confort le plus

moderne.

*Boulevard Henri Rivière*
HANOI

# LIGNE DE HANOI A BÊN-THUY

*(Voir ligne de Hanoi à Nam-Dinh page 9)*

| | | | |
|---|---|---|---|
| 0 | Hanoi | 6h03 | 12h34 |
| 87 | Namdinh { *Arrivée* | 8 55 | 16.20 |
| | { *Départ* | 9 02 | 16.34 |
| 94 | Trinh-Xuyèn | 9.14 | 16.48 |
| 101 | Nui-Goi | 9.27 | 17.06 |
| 108 | Cat-Dang | 9.39 | 17.20 |
| 114 | Ninh-Binh { *Arrivée* | 9 53 | 17.35 |
| | { *Départ* | 9.57 | 17.40 |
| 120 | Cau-Yên | 10.08 | 17.53 |
| 126 | Cho-Ganh | 10.18 | 18.06 |
| 134 | Dong-Giao | 10.36 | 18.26 |
| 142 | Bim-Son | 10.52 | 18 42 |
| 153 | Do-Len | 11.10 | 19.04 |
| 162 | Nghia-Trang | 11.27 | 19.24 |
| 171 | Ham-Rong | 11.48 | 19.48 |
| 175 | Thanh-Hoa { *Arrivée* | 11.57 | 19.58 |
| | (*Buffet*) { *Départ* | 12.42 | 5.47 |
| 188 | Yèn Thai | 13.01 | 6.11 |
| 197 | Minh-Khoi | 13.16 | 6 30 |
| 208 | Thi-Long | 13.38 | 6.52 |
| 219 | Van-Trai | 13.58 | 7.17 |
| 229 | Khoa-Truong | 14.14 | 7.38 |
| 246 | Hoang-Mai { *Arrivée* | 4.38 | 8.08 |
| | { *Départ* | 14.42 | 8.13 |
| 262 | Cau Giat | 15.10 | 8.57 |
| 272 | Yèn-Ly | 15.26 | 9 17 |
| 276 | Dong-Thap | 15.35 | 9.27 |
| 279 | Cho-Si | 15.43 | 9.36 |
| 284 | Phu-Diên { *Arrivée* | 15.52 | 9.47 |
| | { *départ* | 15.56 | 9.57 |
| 292 | My-Ly | 16.10 | 10.14 |
| 304 | Do Cam | 16.29 | 10.35 |
| 309 | Quan-Hanh X D | 16.42 | 10.51 |
| 313 | Quan-Sen | 16.51 | 11.02 |
| 317 | Quan Binh | 16.59 | 11.11 |
| 321 | Vinh { *Arrivée* | 17.09 | 11 22 |
| | { *Départ* | 17.15 | 11.28 |
| 324 | Vinh Truong-Thi | 17.22 | 11.35 |
| 326 | Bên-Thuy *Arrivée* | 17.28 | 11.44 |

# HUONG-KY-PHOTO

## HANOI — Télép. 286

### (à l'angle de l'Avenue de la Cathédrale et de la Rue Jules Ferry)

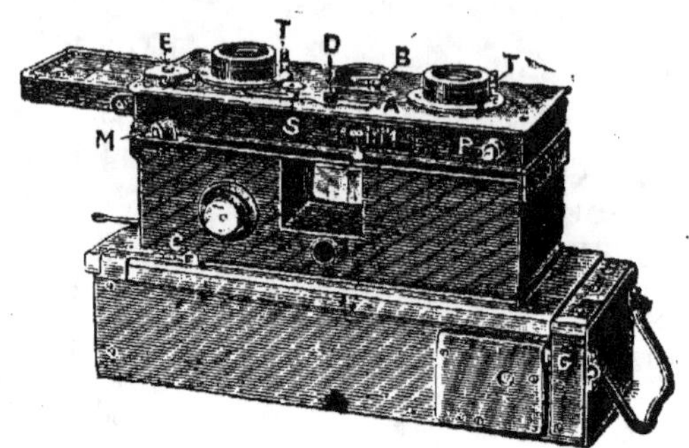

## PORTRAIT FLOU-ARTISTIQUE

*Travaux de Reportage pour journaux*

### Appareils Monoculaires et Stéréoscopiques de Haute-précision

"KODAK" — "MURER" — "NETTEL" — "MENTOR" etc...
"GAUMONT" — "ONTOSCOPES" — "TEREODROME-GAUMONT"
Amplificateurs de Précision : "NOXA"—"CAILLON"—"GAUMONT"

Plaques — Papiers —

Produits préparés

en Poudre

Pellicules et Film-Packs

spéciaux pour pays

tropicaux

Les dernières Nouveautés

Photographiques

## Foire de Hanoi-Stand N° 4 allée de l'entrée

## Ligne de Bênthuy à Hanoi

| | | | |
|---|---|---|---|
| Bên-Thuy, *Départ* | | 6ʰ30 | 13ʰ52 |
| Vinh-Truong Thi. | | 6.37 | 13.59 |
| Vinh ... | *Arrivée* | 6.43 | 14.05 |
| | *Départ* | 6.50 | 14.19 |
| Quan-Banh | | 7.00 | 14.30 |
| Quan-Sen | | 7.08 | 14.39 |
| Quan Hanh X. D. | | 7.17 | 14.51 |
| Do-Cam | | 7.30 | 15.07 |
| My-Ly | | 7.49 | 15.28 |
| Phu-Dien .. | *Arrivée* | 8.02 | 15.45 |
| | *Départ* | 8.06 | 15.53 |
| Cho-Si | | 8.15 | 16.04 |
| Dong-Thap | | 8.23 | 16.13 |
| Yên-Ly | | 8.32 | 16.23 |
| Cau-Giat | | 8.50 | 16.56 |
| Hoang-Mai .. | *Arrivée* | 9.15 | 17.36 |
| | *Départ* | 9.19 | 17.41 |
| Khoa-Truong | | 9.44 | 18.12 |
| Van-Trai. | | 10.00 | 18.33 |
| Thi-Long | | 10.27 | 19.01 |
| Minh-Khoi | | 10.41 | 19.21 |
| Yên-Thai | | 10.56 | 19.40 |
| Thanh-Hoa (Buffet). | *Arrivée* | 11.15 | 20.04 |
| | *Départ* | 12.00 | 5.30 |
| Ham-Rong. | | 12.09 | 5.40 |
| Nghia-Trang | | 12.29 | 6.03 |
| Do-Len | | 12.47 | 6.28 |
| Bim-Son | | 13.04 | 6.50 |
| Dong-Giao. | | 13.20 | 7.11 |
| Cho-Ganh | | 13.37 | 7.29 |
| Cau-Yen | | 13.47 | 7.41 |
| Ninh-Binh .. | *Arrivée* | 13.57 | 7.53 |
| | *Départ* | 14.01 | 8.01 |
| Cat-Dang. | | 14.15 | 8.17 |
| Nui-Goi | | 14.27 | 8.31 |
| Trinh-Xuyen | | 14.40 | 8.47 |
| Nam-Dinh .. | *Arrivée* | 14.51 | 9.01 |
| | *Départ* | 14.57 | 9.15 |
| Hanoi | | 17.42 | 12.41 |

*(Voir Namdinh-Hanoi page 9)*

# BERTHET-CHARRIÈRE ET Cie

## Agents Généraux de :

Anis *Del oso* — Liqueur *Rocher*

Champagne *St Marceau*

Cognac *Denis Mounié* — Rhum *Luceta*

*Dubonnet*

Porto *Club*

Vin Mousseux *Redjoy*

Vin de Bordeaux *Latrille*

Conserves *Amieux* — Lait stérilisé *Ours*

Huiles d'olives *Carol*

Produits *Gibbs*

Produits du *Lion Noir*

Savon *Le petit Chat*

Coffres-forts *Verstaen*

# BERTHET-CHARRIÈRE ET Cie

### Paris — Saigon — Haiphong — Hanoi

Adresse Télég. **BERTCHAR** Haiphong

Télép. **Hanoi 157** — **Haiphong 577**

## HANOI — NAMDINH

| | | | | | |
|---|---|---|---|---|---|
| 0 | Hanoi, *Départ* . . . . | 6ʰ03 | 10ʰ25 | 12ʰ55 | 17ʰ44 |
| 9 | Van-Dien . . . . . | 6.21 | 10.45 | 13.14 | 18.03 |
| 18 | Thuong-Tin . . . . | 6.37 | 11.06 | 13.32 | 18.21 |
| 24 | Pho-Tia . . . (H) | 6.49 | 11.19 | 13.45 | 18.34 |
| 30 | Da-Xa . . . . . | 7.01 | 11.36 | 14.00 | 18.50 |
| 36 | Cau-Guot . . . (H) | 7.13 | 11.49 | 14.14 | 19 03 |
| 45 | Dong-Van . . . . | 7.35 | 12.13 | 14.39 | 19.27 |
| 56 | Phu-Ly ( *Arrivée* . . | 7.53 | 12.35 | 15.01 | 19.50 |
| | Phu-Ly ) *Départ* . . | 7.58 | 12.46 | 15.11 | 20.00 |
| 67 | Binh-Luc . . . . | 8.18 | 13.09 | 15.37 | 20 22 |
| 73 | Cau-Ho . . . . | 8.29 | 13.22 | 15.50 | 20.35 |
| 82 | Dang-Xa . . . . | 8.46 | 13.41 | 16.09 | 20.55 |
| 87 | Nam-Dinh. *Arrivée* . | 8.56 | 13.52 | 16.20 | 21.06 |

## NAMDINH — HANOI

| | | | | |
|---|---|---|---|---|
| Nam-Dinh *Départ* . . | 5ʰ53 | 9ʰ15 | 14ʰ57 | 16ʰ31 |
| Dang-Xa . . . . . | 6.05 | 9.27 | 15.07 | 16.43 |
| Cau-Ho . . . . . | 6.24 | 9 46 | 15.23 | 17.02 |
| Binh-Luc . . . . | 6.37 | 9.59 | 15.36 | 17.19 |
| Phu-Ly ( *Arrivée* . . | 6.59 | 10.21 | 15.53 | 17.40 |
| Phu-Ly ) *Départ* . . | 7.11 | 10.34 | 15.57 | 17.50 |
| Dong-Van . . . . | 7.36 | 10.58 | 16.18 | 18.13 |
| Cau-Guot . . . . (H) | 7.59 | 11.22 | 16.37 | 18.36 |
| Do-Xa . . . . . . | 8.12 | 11.37 | 16.49 | 18.53 |
| Pho-Tia . . . . (H) | 8.26 | 11.54 | 17.00 | 19.07 |
| Thuong-Tin . . . . | 8.41 | 12.05 | 17.12 | 19.22 |
| Van-Diên . . . . . | 8.58 | 12.22 | 17.26 | 19.39 |
| Hanoi *Arrivée* . . . | 9.17 | 12.41 | 17.42 | 19.58 |

LES CIGARETTES
STIC
sont parfaites

# HANOI-NACHAM

| km | Station | | | | | |
|---|---|---|---|---|---|---|
| 0 | Hanoi, *Départ*.... | | | $6^h 00$ | $12^h 56$ | $17^h 49$ |
| 5 | Rive Gauche...... | | | 6.12 | 13.07 | 18.00 |
| 6 | Gia-Lam { A.... | | | 6.18 | 13.13 | 18.06 |
| | { D.... | | | 6.19 | 13.15 | 18.08 |
| 11 | Yên-Viên } A.... | | | 6.31 | 13.29 | 18.22 |
| | } D.... | | | 6·33 | 13.30 | 18.28 |
| 18 | Phu-Tu-Son...... | | | 6.45 | 13.45 | 18.43 |
| 24 | Pagode de Lim... | | | 6.57 | 13.59 | 18.57 |
| 29 | Bac-Ninh........ | | | 7.09 | 14.12 | 19.11 |
| 33 | Thi-Cau........ | | | 7.18 | 14.25 | 19.22 |
| 38 | Séno. ......... | | | 7.30 | 14.39 | 19.36 |
| 44 | Nui-Tiêt........ | | | 7.41 | 14·52 | 19.49 |
| 49 | Phu-lang-Thuong { A.... | | | 7.54 | 15.07 | 20.03 |
| | { D.... | | | 8.03 | 15.20 | |
| 57 | Les Pins ........ | | | 8.16 | 15.36 | |
| 68 | Kep........ ..... | | | 8.34 | 15.59 | |
| 78 | Kilomètre 77 + 795. | | | 8.53 | 16.20 | |
| 82 | Pho-Vi......... | | | 9.03 | 16.32 | |
| 90 | Bac-Lê ........ | | | 9.22 | 16.52 | |
| 95 | Kilomètre 94 + 329. | | | 9.33 | 17.04 | |
| 99 | Song-Hoa ........ | | | 9.43 | 17.15 | |
| 106 | Kilomètre 105 + 058 | | | 9.54 | 17.29 | |
| 110 | Than-Moi........ | | | 10.07 | 17.43 | |
| 114 | Kilomètre 113 + 479 | | | 10.15 | 17.52 | |
| 119 | Lang-Nac....... | | | 10.27 | 18.07 | |
| 125 | Lang-Gai........ | | | 10.52 | 18.31 | |
| 137 | Bang-Thi....... | | | 11.23 | 19.04 | |
| 148 | Lang-Son { A.... | | | 11.47 | 19.28 | |
| | { D.... | $7^h 04$ | | 11.55 | 19.40 | |
| 150 | Ky-Lua .... | 7. 3 | | 12.04 | 19.49 | |
| 155 | Quan-Ho. . | 7.25 | | 12.16 | 20.01 | |
| 158 | Tam-Lung......... | 7 34 | | 12.25 | 20.10 | |
| 163 | Dong-Dang { A.... | 7.48 | | 12.39 | 20.24 | |
| | { D.... | 8.00 | | 12.44 | 20.34 | |
| 171 | Ban-Trang ....... | 8.23 | | 13.07 | 20.57 | |
| 179 | Na-Cham, A...... | 8.42 | | 13.26 | 21.16 | |

# GRANDS MAGASINS RÉUNIS

## HANOI

**Magasins** les plus vastes de l'Indochine

**Magasins** les mieux assortis

**Magasins** vendant le meilleur marché.

## VISITEZ nos RAYONS

### DE

NOUVEAUTÉS pour DAMES et HOMMES

CONFECTIONS — CHAPELLERIE

CHAUSSURES — BONNETERIE — ARTICLES de PARIS

MÉNAGE — QUINCAILLERIE

HYDROTHÉRAPIE — ÉLECTRICITÉ — BIJOUTERIE

PAPETERIE — MAROQUINERIE

OPTIQUE — PHOTO, ETC... ETC..

---

# RAYON SPÉCIAL D'ALIMENTATION
# VINS — TABACS

# NACHAM A HANOI

| | | | | |
|---|---|---|---|---|
| Na-Cham D | | 5h35 | 10h05 | 16h10 |
| Ban-Trang | | 5.55 | 10.25 | 16.30 |
| Dong-Dang A | | 6.17 | 10.47 | 16.52 |
| Dong-Dang D | | 6.22 | 10.57 | 17.04 |
| Tam-Lung | | 6.34 | 11.11 | 17.18 |
| Quan-Ho | | 6.42 | 11.20 | 17.27 |
| Ky-Lua | | 6.53 | 11.32 | 17.39 |
| Lang-Son A | | 7.02 | 11.41 | 17.48 |
| Lang-Son D | | 7.07 | 12.24 | |
| Ban-Thi | | 7.28 | 12.48 | |
| Lang-Giai | | 8.02 | 13.23 | |
| Lang-Nac | | 8.16 | 13.36 | |
| Kilomètre 113+479 | | 8.28 | 13.51 | |
| Than-Moi | | 8.38 | 14.05 | |
| Kilomètre 105+058 | | 8.48 | 14.17 | |
| Song-Hoa | | 9.00 | 14.31 | |
| Kilomètre 94+329 | | 9.10 | 14.42 | |
| Bac-Lê | | 9.25 | 14.59 | |
| Pho-Vi | | 9.40 | 15.17 | |
| Kilomètre 77+795 | | 9.49 | 15.27 | |
| Kep | | 10.10 | 15.58 | |
| Les Pins | | 10.28 | 16.19 | |
| Phu-lang-Thuong A | | 10.41 | 16.35 | |
| Phu-lang-Thuong D | 6h12 | 10.50 | 16.51 | |
| Nui-Tiet | 6.27 | 11.03 | 17.06 | |
| Séno | 6.40 | 11.14 | 17.19 | |
| Thi-Cau | 6.57 | 11.29 | 17.36 | |
| Bac-Ninh | 7.08 | 11.38 | 17.47 | |
| Pagode de Lim | 7.20 | 11.48 | 17.59 | |
| Phu-Tu-Son | 7.34 | 12.02 | 18.13 | |
| Yên-Viên A | 7.48 | 12.13 | 18.27 | |
| Yên-Viên D | 7.50 | 12.14 | 18.29 | |
| Gia-Lâm A | 8.04 | 12.26 | 18.43 | |
| Gia-Lâm D | 8.06 | 12.28 | 18.45 | |
| Rive-Gauche | 8.12 | 12.34 | 18.52 | |
| Hanoi, A | 8.23 | 12.45 | 19.03 | |

Concours Agricole de 1918. Vue générale

# Venez à la

# Foire de Hanoi

## Du 10 au 24 Décembre

La Foire de Hanoi a le Sourire

# L'Union Commerciale Indochinoise et Africaine

Société anonyme au Capital de 25.000.000 fr.

*Siège Social : 9 et 11, Rue Tronchet, PARIS*

**Agences:** Haiphong, Hanoi (Tonkin) Saigon (Cochinchine) Tourane, Hué (Annam) Pnom-Penh (Cambodge) Yunnanfou, Mongtzeu (Yunnam).

**Tissus, Alimentation, Quincaillerie, Matériaux, Chaux, Ciment, Tuiles, etc....**

*Fournitures générales pour les T. P. Entreprises*

## EXCLUSIVITÉS

**CHAMPAGNES** : Pommery & Grono, Mercier, Tisane Duc de Brémont, Military

**APÉRITIFS** : Gentiane Suze, Quinquina Dubonnet Labussière, Vermouth Crucifix (goût Français et goût Italien) Vin du Cap Corse Damiani, Vin de Porto d'Almeida.

**EAUX MINÉRALES** : Vals Gde Sce, Evian Sce Grottes, Eau Perrier gazeuse

**LIQUEURS & SPIRITUEUX** : Tous produits Marie Brisard et Roger pour l'Annam et Tonkin.

**VINS DE TABLE:** Rouge et Blanc de Clarence & Co de Bordeaux, Montferrand d'Andreau & Co

**VINS FINS :** Rouge et blanc ; Vincent frères de Bourgogne et de Chianti.

Tabacs et Cigarettes de la Régie Française, Tabacs et Cigarettes Mélia.

Conserves OLIDA, Huile DURET, Biscuits de la Biscuiterie Alsacienne

Paxolyl, Lampes Coleman etc.... etc....

Agents Généraux des Cies d'Assurance contre l'incendie :

*Cies Françaises :* Le Phénix, la Nationale, la Palatine.

*Cies Anglaises :* London and Lancashire, Royal Insurance Co.

# Historique de la Foire de Hanoi

La Foire de Hanoi est due à l'initiative de M. le Résident-Maire Pasquier.

Elle eut lieu pour la première fois du *15 au 30 Décembre 1918* et a eu du premier coup un succès retentissant.

Organisée par l'administration municipale avec le concours des Services agricoles et commerciaux, elle avait reçu de M. le Gouverneur Général Sarraut une première dotation de 80.000 $.

Les maisons européennes prirent part à cette foire plus par devoir de bon exemple que par enthousiasme et les artisans annamites écoutèrent surtout les conseils de leur grand ami M. Crevost, directeur du Musée Commercial. Sur le désir de M. Sarraut, une grande importance fut donnée au côté attractions. Le Concours Agricole rénovant une vieille institution supprimée jadis par un caprice administratif, venait tort à propos apporter à l'ensemble de la manifestation un élément connu.

Malgré l'hésitation provenant de l'ignorance des uns, du scepticisme des autres, la foire de 1918 eut un succès inattendu.

Exposants indigènes et exposants européens s'étonnèrent les uns les autres. La foire avait révélé tant dans l'industrie européenne que dans les petites industries indigènes des progrès dont, jusque-là, le gros public ne s'était pas bien rendu compte.

Le concours agricole eut un très gros succès.

On profita aussi de l'occasion de la foire pour une exposition de l'Amicale artistique.

Les leçons qui se dégagèrent de cette première manifestation furent

*a/* que l'idée était bonne.
*b/* que les Annamites s'y intéressaient.
*c/* que le côté attractions était inutile.
*d/* que la Foire ne devait pas être uniquement une foire d'échantillons.

Les petites industries à la Foire de Hanoi.
Jouet en fer-blanc

# FOIRE DE 1919

Le Gouvernement Général accorda pour la seconde foire une subvention de 40 000 $.

Un grand pavillon pour de nouveaux stands fut construit; le Laos, l'Annam et la Cochinchine construisirent à leurs frais leurs propres pavillons et les écuries du concours agricole furent transformées en stands Des constructions spéciales furent édifiées sur un vaste terrain voisin pour le Concours agricole.

Cette foire, où il était permis de vendre, eut un succès complet. Les expositions du Laos, de l'Annam et de la Cochinchine et surtout celle du Cambodge firent sensation.

Pour la première fois aussi les Ateliers de constructions mécaniques installèrent des machines fonctionnant devant le public.

# FOIRE DE 1920

Nouveau succès ; les Annamites se rendent de mieux en mieux compte de l'utilité de la foire. Nombreux visiteurs des pays voisins.

Une maison française expose, hors du terrain de la Foire, du matériel agricole étranger : indication de l'intérêt qu'il y aurait pour l'avenir à ne pas fermer complètement la foire aux marchands étrangers.

## La foire est supprimée en 1921

Au moment même où cette manifestation prenait de plus en plus d'ampleur, où ses heureux effets commençaient à se faire sentir un peu partout et principalement dans les milieux indigènes des villes de l'intérieur et des campagnes, une malencontreuse décision venait anéantir tous les efforts des organisateurs, annihiler les heureuses perspectives d'une œuvre à peine ébauchée.

Alors qu'on s'accordait à reconnaître qu'une manifestation de ce genre ne peut produire son plein effet qu'à la condition d'être maintenue avec persévérance assez longtemps pour que le courant commercial qu'elle doit provoquer s'établisse progressivement, M. le Gouverneur Général décidait qu'elle serait supprimée en 1921.

En même temps on formait le projet de transformer la Foire de Hanoi en une Foire Indochinoise qui se tiendrait alternativement au Tonkin et en Cochinchine.

## La Foire est rétablie en 1922

A la suite d'une très vive campagne de presse, des protestations unanimes des Chambres de commerce, et de tous les porte-paroles du commerce et de l'industrie, le Gouvernement Général décida au début du printemps de revenir sur sa décision de l'an dernier supprimant la foire de Hanoi.

A quelque chose malheur est bon ; en rétablissant la foire on en confiait l'organisation aux Chambres de commerce et d'agriculture, on la maintenait à Hanoi et décidait définitivement qu'elle aurait lieu chaque année.

Un bureau fut élu composé d'un président, d'un vice-président et d'un secrétaire-trésorier, pour l'administration générale et le soin des affaires courantes, la tenue des procès-verbaux des séances et la surveillance de la comptabilité.

M. Sauvage fut élu président, M. Aviat vice-président, M. Larrivé secrétaire-trésorier.

Trois commissions furent formées :

1º « Règlementation », chargée de la préparation des règlements, de l'établissement des catalogues et du contrôle des adhésions. Elle fait toutes démarches utiles pour obtenir des réductions de tarifs des compagnies de transports, conclut toutes ententes utiles avec les services des douanes, des postes, de la police, les compagnies d'assurances, etc. ;

2º « Publicité » s'occupe de la publicité sous toutes ses formes : affiches, réclames, articles de journaux, etc. en français, quôc-ngu, chinois, anglais, suivant le cas, tant à l'intérieur du pays que dans la métropole et à l'étranger ;

3º « Voies et Bâtiments » veille à l'entretien du terrain, des pavillons et stands, à la construction de nouveaux bâtiments, etc., ainsi qu'au service des eaux et de l'éclairage dans l'enceinte de la foire.

A côté du comité et sous le contrôle du bureau, il a été organisé un commissariat de la foire, installé à la Chambre de commerce.

Le comité de la foire ne pouvait débuter sans capital. L'organisation qu'on lui transmettait n'avait presque plus de fonds ; par contre les locaux délaissés pendant deux ans, pas entretenus, en partie détruits, n'étaient plus guère utilisables.

Un premier fonds d'environ 23.000$ fut réuni dans ce but :

| | |
|---|---|
| Gouvernement Général . . | 15 000 |
| Protectorat du Tonkin. . . . | 2.000 |
| Ville de Hanoi . . . . . . . . | 2 000 |
| Protectorat d'Annam. . . . . | 1 000 |
| Ch. de Cᶜᵉ de Haiphong . . . | 1 000 |
| Ville de Haiphong. . . . . . | 1.000 |
| Laos. . . . . . . . . . . . . . | 500 |
| Cambodge . . . . . . . . . . | 500 |

Ch. de commerce et d'agriculture d'Annam . . . . . .      200
Ch. d'agriculture du Tonkin      200
Ch. d'agriculture de Cochinchine . . . . . . . . . . . .     200
Gouverneur de Cochinchine,
promesse d'environ 3000 mémoire.

C'était un capital bien modeste si
l'on voulait remettre convenablement
en état les locaux, reconstruire corps
de garde, poste d'incendie, lieux d'ai-
sances etc. réinstaller l'électricité, faire
une certaine publicité etc.

## Succès immédiat.

Mais voici que dès que, fin Juin, la
nouvelle fut officielle que la foire se
tiendrait et qu'elle était administrée
par un comité de commerçants, les
Annamites s'empressaient — malgré
la hausse du prix de location — de retenir les plus beaux stands. Au bout
de quelques semaines, il ne restait plus
un stand à louer.

En présence de ce succès inattendu,
M. le Secrétaire général Robin accorda une nouvelle subvention de 11.000$,
à laquelle le Protectorat en ajouta
une de 5.000 et la ville de Hanoi une de
3.000.

Quelques jours après, les travaux
d'un nouveau pavillon de 24 grands
stands commençaient et étaient menés

avec une telle célérité que le 12 Octobre on pouvait en commencer les aménagements extérieurs.

Malgré cette nouvelle extension, il restait encore, fin Septembre, plus de 40 demandes de grands stands.

Une dernière aide fut alors demandée : M. Baudoin, Gouverneur Général, accorda 11.000 $ et le Protectorat 11.000 $ et un grand pavillon, le premier d'une série qui remplacera plus tard les anciennes écuries transformées en 1919, est en construction.

Il est d'un type nouveau à quatre rangées de douze stands chacun, deux rangées extérieures et deux intérieures ; deux vastes passages couverts, en croix, de 5$^m$ de large, bien éclairés par des verrières du toit, donnent accès aux stands intérieurs. Tous ces stands ont 5$^m$ sur 4.50.

Le pavillon aura 23$^m$ de large sur 65 de long.

La rapidité et le soin avec lesquels ces travaux sont menés, et cela malgré un prix de revient très raisonnable, établissent l'énorme supériorité des méthodes commerciales sur les méthodes administratives.

Nul doute que cette foire ne soit un énorme succès et le point de départ pour Hanoi et pour le Tonkin d'une ère de prospérité nouvelle.

La Foire sera relevée par le *Concours Agricole* qui aura lieu du 14 au 17 Décembre et pour lequel aussi on va améliorer considérablement les aménagements actuels.

**Distractions**. — A l'époque de la Foire, la saison théâtrale battra son plein à Hanoi, ainsi que celle des bals à la Société Philharmonique, à Métropole et autres hôtels.

Il y aura sans doute aussi au cours de la Foire diverses manifestations sportives : réunion de courses à l'hippodrome, courses au vélodrome.

**Tourisme**. — Rappelons enfin que l'hiver est par excellence la saison du tourisme au Tonkin ; et que tant par automobiles que par chaloupes, il y a de magnifiques excursions à faire.

**Hôtels**. — Malgré que Hanoi soit bien pourvu d'hôtels, les visiteurs de la foire feront bien de retenir leurs chambres quelque temps à l'avance.

---

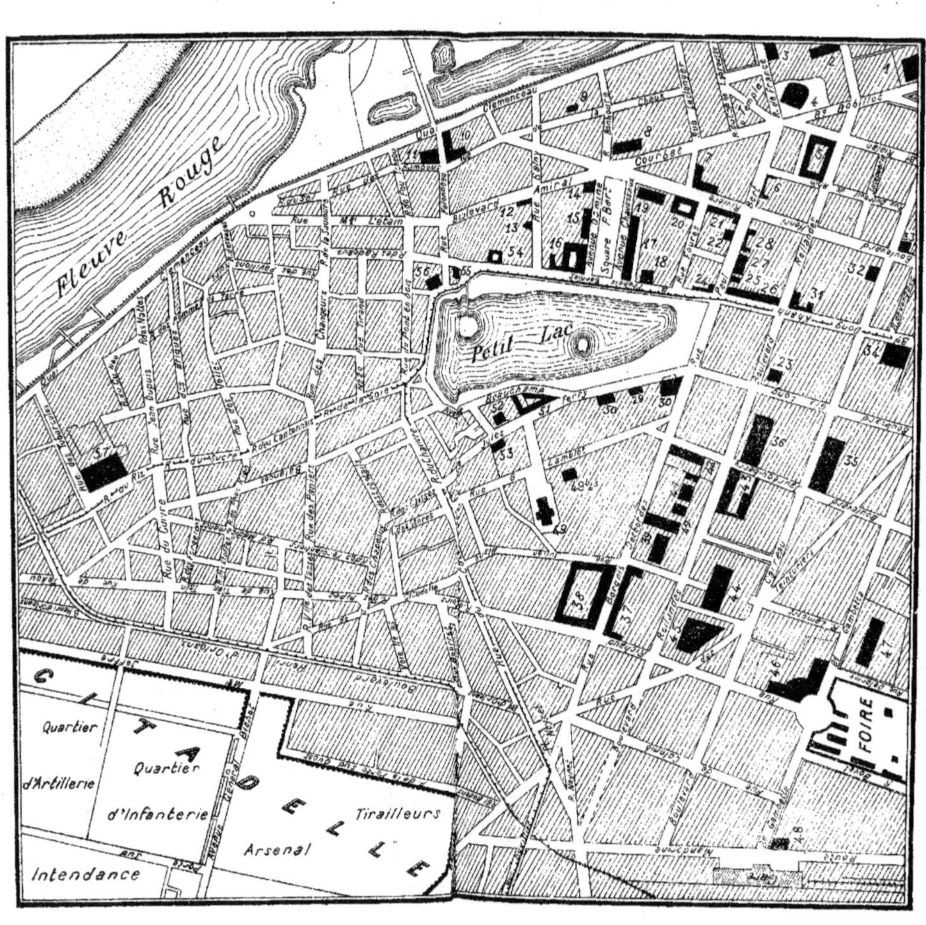

Fleuve Rouge
Petit-Lac
CITADELLE
Quartier d'Artillerie
Quartier d'Infanterie
Tirailleurs
Arsenal
Intendance
FOIRE
Clemenceau
Boulevard
Rue Amiral
Square F.Bert
Square Dumas

# LÉGENDE DE NOTRE PLAN

1 Ecole de médecine.
2 Service et Musée Géologique.
3 Laboratoire des mines.
4 Théâtre
5 Lycée de jeunes filles.
6 Hanoï-Hôtel.
7 Hôtel Métropole.
8 Banque de l'Indochine.
9 Garage Aviat.
10 T. P. du Tonkin.
11 Inspection Générale des T. P
12 Consulat de Belgique.
13 Garage Gratry.
14 Cercle « l'Union »
15 Trésor.
16 Mairie.
17 Postes
18 Direction des Postes
19 Hôtel du Résident Supérieur.
20 Bureaux de la Résidence Supérieure
21 Hôtel du Coq d'Or.
22 Cinéma Palace
23 Contrôle financier.
24 Hôtel Terminus.
25 Eveil Economique.
26 Grands Magasins Réunis.
27 Université.
28 Hôtel de la Paix.
29 Avenir du Tonkin.
30 Commissariat central.

31 Hôtel de France.
32 Ecole Française d'Extr. Orient.
33 Sté des Transports automobiles.
34 Garde Indigène.
35 Collège Puginier.
36 Sœurs de St Paul de Chartres.
37 Extension hôpital indigène
38 Hopital Indigène.
39 Gendarmerie.
40 Archives.
41 Bibliothèque.
42 Services Economiques
43 Ecole professionnelle
44 Palais de Justice.
45 Prison.
46 Chemin de fer du Yunnan. (Bureaux)
47 Service de la Sûreté
48 Hôtel de la gare.
49 Cathédrale.
49bis Evêché.
50 Chambres de Commerce et d'Agriculture
51 A. F. M A
52 Direction des Finances
53 Hôtel des Colonies.
54 Usine électrique.
55 Cinéma Pathé.
56 Philharmonique.
57 Grand marché.

# CONCOURS AVEC PRIMES

*en faveur d'Industries Indochinoises*
*méritant d'être encouragées*

## RÈGLEMENT

Article 1er — Chaque année, pendant la durée de la Foire de Hanoi et dans l'enceinte de celle-ci, se tient un concours doté de primes en espèces, en faveur d'industries indochinoises méritant d'être encouragées.

Art. 2. — La nomenclature des industries appelées à concourir est arrêtée par les soins du Comité de la Foire qui fixe chaque année, l'importance totale du crédit à répartir entre les exposants.

Art. 3. — Pour être admis à concourir, les intéressés doivent en faire la demande écrite au Comité de la Foire avant le 31 Octobre, dernier délai.

Le Comité de la Foire a tous pouvoirs pour accepter ou rejeter tout ou partie des demandes qui lui sont adressées.

Les exposants admis à prendre part au Concours doivent obligatoirement participer à la Foire qui se tient en même temps et être, en conséquence, locataires d'au moins un stand ou emplacement chacun.

Art. 4. — Les produits ou marchandises à exposer sont reçus, dans le local de la Foire réservé à cet effet, dans les cinq jours qui précèdent la date d'ouverture de la Foire. Ils peuvent être mis en vente, mais sous la condition expresse de n'être livrés aux acquéreurs qu'après la fermeture de la Foire.

Art. 5. — Le Jury chargé de l'attribution des primes en espèces, visite officiellement l'exposition dans le courant de la première semaine de la Foire.

La valeur des primes allouées est affichée immédiatement et leur montant versé entre les mains des ayants-droit le lendemain du jour de la fermeture de la Foire.

Art. 6. — Les décisions du Jury sont sans appel.

Art. 7 — Indépendamment des produits exposés, un emplacement sera réservé, chaque année, à l'exposition de tous devis, projets, plans, échantillons, etc., concernant la création possible de nouvelles industries ou l'amélioration de celles déjà existantes, l'exploitation de produits du sol ou du sous-sol plus ou moins ignorés et pour la mise en œuvre desquels des concours financiers ou autres pourraient être nécessaires, etc. etc.

Pour le Concours organisé pendant la durée de la Foire de 1922, un crédit de **1.000 piastres**, sera mis à la disposition du Jury pour être réparti entre les exposants les plus méritants.

## RÉPARTITION DES INDUSTRIES A ADMETTRE AU CONCOURS ANNUEL

### EN 1922

Cuirs et peaux de préparation indigène.

Conserves de fruits et légumes de fabrication indigène.

Chapellerie de fabrique locale.

Chaussures (hommes, femmes, enfants) de fabrication indigène.

Meubles démontables de fabrication locale.

Objets en ivoire, en nacre, en écaille, en corne, en os, etc, de fabrication indigène.

Laques industrielles de provenance et de fabrication locales.

## EN 1923

Broderies et dentelles de fabrication indigène.

Eventails (exportables) de fabrication locale.

Ouvrages en bois de décoration de fabrication locale.

Nattes et tapis, vannerie, sparterie, de fabrication locale.

Bijouterie, joaillerie, de fabrication locale.

Bronzes et cuivres d'art et d'ameublement, de fabrication indigène.

Meubles façon Thonet, de fabrication locale.

## Entrepôt fictif

*Facilités consenties à l'égard des produits ou marchandises destinés à la Foire de Hanoi et venant de l'étranger ou assujettis à des taxes locales de consommation ou circulation.*

Par arrêté du Gouverneur Général de l Indochine en date du 3 Juin 1922, il a été décidé que les locaux de la Foire qui doit se tenir à Hanoi du 1er au 15 Décembre 1922, seront constitués en entrepôt fictif de Douane et régie, dans les conditions déterminées par l'arrêté du 16 Juin 1918, dont teneur suit :

Article premier. — Les locaux de la Foire de Hanoi sont constitués en entrepôt fictif de Douane et de Régie.

Art. 2. — Sont admis au bénéfice de cet entrepôt tous les produits destinés à la Foire de Hanoi passibles de droits de douane et de taxes de consommation ou de circulation.

Art. 3. — Les produits envoyés à la Foire seront acheminés sur Hanoi des lieux de production ou des bureaux d'importation sous le lien d'un acquit-à-caution, dont les intéressés auront à se pourvoir auprès du service des Douanes et Régies avant expédition.

Les produits exposés seront pris en charge conformément aux règles applicables en matière d'entrepôt par le service des Douanes et Régies attaché à la Foire.

Ils devront être réexportés ou réexpédiés sur les lieux de production dans le délai d'un mois à partir de la clôture de la Foire.

Art. 4. — Les produits retirés de l'entrepôt pour être versés à la consommation devront acquitter au préalable les droits de douane et les taxes de consommation ou de circulation dont ils sont passibles.

Les manquants constatés lors de l'apurement des comptes seront traités conformément aux règles qui régissent l'entrepôt.

Art. 5. — Le Directeur des Douanes et Régies de l'Indochine est chargé de l'exécution du présent arrêté.

---

## Réductions consenties par différentes entreprises de transport en faveur des exposants et des marchandises destinées à la Foire de Hanoi, ou en revenant.

| | |
|---|---|
| *Service Fluvial du Haut-Tonkin* (*Fortuné SAUVAGE armateur*) | Transport gratuit des voyageurs exposants et des marchandises destinées à la Foire, tant à l'aller qu'au retour. |

| | |
|---|---|
| *Service Fluvial du Bas-Tonkin* (P. ROQUE Armateur) | Réduction de 50 o/o sur les tarifs en vigueur pour les marchandises et le matériel destinés à la Foire, à l'aller comme au retour. |
| P. A. Lapicque et Cie (Haiphong, Bênthuy, Hongkong) | 25 o/o de rabais sur les tarifs en vigueur sur les différents vapeurs, à l'aller comme au retour, pour les voyageurs et les marchandises. |
| *Transports Fluviaux et Côtiers de l'Indochine* (BACH-THAI-BUOI armateur) | Réduction de 20 o/o sur les tarifs généraux, à l'aller comme au retour, pour les voyageurs-exposants à la Foire ou leurs représentants, et pour toutes marchandises ordinaires par colis ne dépassant pas 300 kos ou 0m3 500 |
| *Transports Maritimes et Fluviaux* (NGUYEN-HUU-THU dit SEN, armateur) | Réduction de 50 o/o sur les tarifs passages et marchandises, sur les lignes Haiphong — Nam Dinh; Haiphong-Kiên-An; Haiphong — Bênthuy ; Haiphong-Hongay, dans l'un et l'autre sens. |
| *Cie Fse des Chemins de Fer de l'Indochine et du Yunnan* | Réduction de 50 o/o sur les prix des tarifs, tant à l'aller qu'au retour, pour le transport des marchandises destinées à la Foire ou en provenant. |
| *Chemins de Fer de l'Indochine* Lignes Hanoi-Nacham et Hanoi-Bênthuy | Réduction de 50 o/o sur le coût des billets aller et retour pour les voyageurs. Transport gratuit, au retour des marchandises ayant figuré à la Foire. (Voir tarif spécial G. V. No 13). |

## LIGNE DE HANOI-HAIPHONG

| | | | | |
|---|---|---|---|---|
| Hanoi | 6h20 | 9h06 | 13h32 | 20 07 |
| Gia-Lam | 6 36 | 9.45 | 13.48 | 20.22 |
| Phu-Thuy | 6.54 | 10.10 | 14.06 | 20.40 |
| Lac-Dao | 7.12 | 10.36 | 14.25 | 20.58 |
| Cam-Giang | 7.40 | 11.16 | 14.54 | 21.23 |
| Cao-Xa | 8.02 | 11.40 | 15.15 | 21,41 |
| Haiduong | 8.14 | 11.53 | 15.28 | 21.52 |
| Lai-Khê | 8.34 | | 15.48 | 22.08 |
| Phu-Thai | 8 53 | | 16.09 | 22.24 |
| Vat-cach-Thuong | 9.15 | | 20.49 | 22.43 |
| Haiphong | 9.33 | | 16.49 | 23.00 |

## HAIPHONG-HANOI

| | | | | |
|---|---|---|---|---|
| Haiphong | 6h26 | | 13h40 | 20h18 |
| Vat-cach-Thuong | 6.44 | | 13.58 | 20.35 |
| Phu-Thai | 7.06 | | 14.20 | 20.54 |
| Lai-Khê | 7.27 | | 14.41 | 21.10 |
| Haiduong | 7.48 | 12.56 | 15.02 | 21.28 |
| Cao-Xa | 8 01 | 13.09 | 15.15 | 21.40 |
| Cam-Giang | 0.33 | 13.43 | 15.35 | 13.57 |
| Lac-Dao | 8.50 | 14.34 | 16.04 | 22.21 |
| Phu-Thuy | 9.10 | 15.10 | 16.22 | 22.36 |
| Gia-Lam | 9.37 | 15.39 | 16.43 | 22.56 |
| Hanoi | 9 51 | 15.55 | 16.58 | 23.10 |

# POUSSE-POUSSE SAIGONNAIS
# POUSSE DE LUXE

*Visitez le Stand de la*

# SOCIÉTÉ FRANÇAISE DE TRANSPORTS

# LA PERLE

## FOURNITURES COMPLÈTES POUR ÉGLISES

Objets de Piété
Articles de Première Communion
Fleurs et plantes en perles et celluloïd
Verroterie et perles en tous genres
pour ouvrages de dames
Harmoniums
Arbres de Noël et jouets

## Articles pour le jour de l'An

### IMAGERIE

*Gravures — Estampes — Eaux-fortes — Aquarelles*

Spécialité d'encadrements
Fabrique de couronnes

### Prix Fixe

Tous nos articles sont marqués en chiffres connus
La maison se charge de toutes expéditions
pour l'intérieur

## LA PERLE

ADRESSE TÉLÉG. : **LA PERLE** Hanoi

Téléphone N° 235

**Hanoi 11 et 13 Rue Borgnis-Desbordes**

## LIGNE HANOI A YÊNBAY

| | | | | | |
|---|---|---|---|---|---|
| 0 | Hanoi *Départ* .... | 6ʰ 35 | 9ʰ 21 | 13ʰ 50 | 17ʰ 34 |
| 5 | Gia-Lâm ........ | 6.53 | 9.52 | 14.11 | 17.53 |
| 10 | Yên-Viên ........ | 7.05 | 10.05 | 14.24 | 18.05 |
| 16 | Xuân-Kiêu ...... | 7.15 | 10.15 | 14.34 | 18.15 |
| 21 | Dông-Anh........ | 7.27 | 10.28 | 11.47 | 18.25 |
| 26 | My-Nôi-Thôn .... | 7.37 | 10.38 | 14.57 | 18.35 |
| 33 | Thach-Lôi ...... | 7.50 | 10.51 | 15.10 | 18.49 |
| 39 | Thap-Miên ...... | 8.03 | 11.02 | 15.23 | 18.59 |
| 47 | Huong-Canh ..... | 8.18 | 11.16 | 15.40 | 19.13 |
| 53 | Vinh-Yên ....... | 8.34 | 11.28 | 15.53 | 19.23 |
| 62 | Huong-Lai....... | 8.50 | 11.43 | 16.08 | 19.36 |
| 68 | Bac-Hat........ | 9.03 | 11.54 | 16.19 | 19.48 |
| 72 | Viétri.......... | 9.18 | 12.07 | 16.33 | 19.56 |
| 81 | Phu-Duc ........ | 9.37 | 12.23 | 16.51 | |
| 90 | Tiên-Kiên ...... | 9.55 | 12.39 | 17.07 | |
| 99 | Phu-Tho........ | 10.13 | 12.56 | 17.22 | |
| 108 | Chi-Chu........ | 10.31 | 13.13 | 17.38 | |
| 115 | Thanh-Ba ...... | 10.47 | 13.28 | 17.52 | |
| 121 | Vinh-Chiên ...... | 11.00 | 13.39 | 18.03 | |
| 130 | Am-Thuong...... | 11.19 | 13.56 | 18.20 | |
| 140 | Doan-Thuong .... | 11.38 | 14.13 | 18.37 | |
| 148 | Van-Phu ....... | 11.54 | 14.27 | 18.51 | |
| 155 | Yên-Bay *Arrivée* .. | 12.09 | 14.40 | 19.06 | |

## YÊN-BAY A HANOI

| | | | | |
|---|---|---|---|---|
| Yên-Bay *Départ*... | | 6h08 | 12h12 | 14h11 |
| Van-Phu.,........ | | 6.22 | 12.26 | 14.28 |
| Doan-Thuong..... | | 6.38 | 12.41 | 14.44 |
| Am-Thuong....... | | 6.55 | 12.58 | 15.03 |
| Vinh-Chiên ...... | | 7.12 | 13.15 | 15.22 |
| Thanh-Ba ....... | | 7.23 | 13.27 | 15.35 |
| Chi-Chu......... | | 7.37 | 13.41 | 15.51 |
| Phu-Tho......... | | 7.54 | 13.58 | 16.12 |
| Tiên-Kiên........ | | 8.10 | 14.13 | 16.29 |
| Phu-Duc......... | | 8.27 | 14.29 | 16.50 |
| Viétri, *Départ*.... | 6h30 | 8.52 | 14.51 | 17.25 |
| Bac-Hat......... | 6.38 | 9.02 | 14.59 | 17.34 |
| Huong-Lai ....... | 6.49 | 9.13 | 15.10 | 17.46 |
| Viuh-Yên........ | 7.07 | 9.30 | 15.28 | 18.06 |
| Huong-Canh...... | 7.19 | 9.41 | 15.41 | 18.19 |
| Thap-Miêu....... | 7.35 | 9.55 | 15.56 | 18.35 |
| Thach-Lôi....... | 7.51 | 10.06 | 16.07 | 18.48 |
| My-Nôi-Thôn..... | 8.04 | 10.18 | 16.19 | 19.01 |
| Dôug-Anh........ | 8.14 | 10.30 | 16.30 | 19.13 |
| Xuân-Kiêu....... | 8.24 | 10.40 | 16.40 | 19.23 |
| Yên-Viên........ | 8.35 | 10.50 | 16.51 | 19.34 |
| Gia-Lâm ........ | 8.49 | 11.03 | 17.05 | 19.48 |
| Hanoi, *Arrivée*.... | 9.05 | 11.18 | 17.20 | 20.03 |

# DESCOURS & CABAUD

## PRODUITS MÉTALLURGIQUES

*Société Anonyme au Capital de 40 millions de Francs*

### Succursales en Indochine

## Saigon — Pnom Penh

### Haiphong        Hanoï

*Bd Paul-Bert et rue F. Garnier*    *Bd Paul-Bert et Bd Gialong*

### Fers et Aciers marchands et spéciaux de tous profils et qualités

Rails. — Tôles. — Feuillards. — Demi-produits. —
Aciers à outils et Aciers spéciaux. — Boulons. — Rivets
Fontes. — Métal déployé, etc....

*Les albums et nomenclatures détaillés de tous produits,
dimensions et profils tenus en magasin à Lyon et dans les
agences de la société, sont adressés franco et sur simple
demande.*

MACHINES — OUTILS . APPAREILS DE LEVAGE · MATÉRIEL
D'ENTREPRENEURS — MOTEURS — POMPES

N'achetez rien, sans visiter nos magasins, vous y trouverez
un grand choix d'articles de ménage étamés, émaillés. en
aluminium, de filtres, brosses, balais, tapis, lampes électri-
ques, baignoires, lavabos, appareils sanitaires, accessoires
de cabinet de toilette. articles de voyage, coffrets acier, bou-
teilles Thermos, rasoirs Gilette, Ripolin, Produits chimi-
ques, divers, réchauds, fourneaux, sorbetières, etc. etc.

Outillage. matériel d'entrepreneurs, matériel agricole,
Tous produits métallurgiques, peintures, toile à voile.
matériel électrique, machines-outils, matériel Decauville,
Verres à vitre, Quincaillerie Cordages, etc. etc.

*La maison répond immédiatement à toute*

*demande de renseignements*

# Ateliers maritimes de Haïphong

FONDÉS EN 1891

*Boulevard Bonnal n° 6*

Téléphone n° 556

Les seuls ateliers d'Indochine disposant d'ingénieurs spécialisés, de cales de construction, d'un dock flottant, de matériel moderne : rivetage mécanique, soudure électrique, etc.. permettant l'étude sérieuse et la réalisation économique de tous travaux ou installations.

*Travaux mécaniques en tous genres — Grosse et petite chaudronnerie — chaudières et moteurs Installations d'usines — Travaux Publics et privés — Air comprimé — Constructions navales.*

ETUDES ET DEVIS SANS AUCUN FRAIS.

**Vapeur constraits** : Espadon — Van Vollenhoven — Les Fils de Paul Doumer, Verdun, — Bonite.

**Travaux Publics** : Docks de Haïphong — Appontements de Haïphong — Ponts sur la ligne de Vinh à Dông-ha, Réservoir et Usine des Eaux de Haïphong.

Société Annamite Commerciale

# QUANG HUNG LONG

### Rue des Paniers n° 79 HANOI (Tonkin)

Quincaillerie — Ferronnerie — Outillage
Articles de bâtiment, d'électricité, de ménage
cordonnerie, alimentation
Tissus, Parfumerie, Fournitures d'écoliers
et de bureau

*Fabrique de Savon et de Crésylinol*

## GROS & DÉTAIL

Exportation de :

Vannerie en rotin, jonc et bambou.

Natterie en jonc plat et retors, colorée.

Dentelles : filet, venise, crochet d'Irlande, fuseaux.

Huiles végétales.

Gomme-laque et shellac.

Objets laqués et éventails, imitation japonaise, etc...

Téléph. 181

CODES { A Z 3ᵉ ÉDITION
{ LIEBER'S

*Adresse Télégraphique :* QUANG HUNG LONG Hanoi

## Haiphong - Hanoi - Yunnanfou et Yénbay - Laokay

| | | |
|---|---|---|
| Haiphong | | 6.26 |
| Gia-Lam | Arrivée | 9.29 |
| | Départ | 9.52 |
| Yên-Bay | Arrivée | 14.40 |
| | Départ | 14.46 |
| Co-Phuc | | 15.05 |
| Ngoi-Hop | | 15.28 |
| Mo-Ha | | 15.46 |
| Trai-Hutt | | 16.20 |
| Lang-Key | | 16.56 |
| Bao-Ha | | 17.35 |
| Thai-Van | | 17.58 |
| Pho-Lu | | 18.29 |
| Thai-Niên | | 19.03 |
| Pho-Moi | | 19.40 |
| Lao-Kay | Arrivée | 19.47 |
| | Départ | 6.17 |
| Hokéou | | 7.25 |
| Mongtseu Dragon noir | | 15.28 |
| Mongtseu Pi-Che-Tchai | | 16.06 |
| Amitchéou | Arrivée | 17.51 |
| | Départ | 6.40 |
| Pouo-Hi | | 9.41 |
| Yi-Léang | Arrivée | 13.43 |
| | Départ | 13.50 |
| Yunnanfou | | 16.50 |

Visite de bagages à Lao-Kay et à Hokéou
Buffet à Gialam et à Yên-Bay.
Hôtel à Lao-kay et Amitchéou.
Pour Haiphong-Hanoi voir page 34 ; pour Hanoi-Yénbay page 36.

# ENTREPRISE GÉNÉRALE DE TRAVAUX

Spécialité de Ciment armé

## A. AVIAT

Habitations à Bon marché

## Ateliers : 92 Boulevard Gambetta
## Bureaux : 41 Rue de la Chaux

Téléphone 61

**HANOI**

---

# COMPAGNIE DE COMMERCE ET DE NAVIGATION
# D'EXTRÊME ORIENT

Société Anonyme au Capital de **8.000.000** francs
Siège social : **12 Rue Boissy d'Anglas, Paris**
Agences à Marseille, St Etienne, Le Havre, Londres,
Saigon, Haiphong, Hanoi

## Importation — Exportation — Navigation
## Assurances

Propriétaire de la Société du Domaine de Kébao
(MINES DE CHARBON)
CRIBLÉS, NOISETTES, BRAISETTES, MENUS

**HAIPHONG 36 Rue Harmand — HANOI 33 Bd Dong-Khanh**

## Yunnanfou - Hanoi - Haiphong
## et Laokay - Yênbay

| | | |
|---|---|---:|
| Yunnanfou | | 7h 44 |
| Yi-Léang.. | Arrivée | 10.21 |
| | Départ | 10.36 |
| Pouo-Hi | | 14.13 |
| Amitchéou | Arrivée | 17.37 |
| | Départ | 6.04 |
| Mongtseu Pi-Che-Tchai | | 10.06 |
| — Dragou Noir | | 10.47 |
| Lahati | | 15.32 |
| Hokéou | Arrivée | 17.51 |
| | Départ | 18.01 |
| Lao-Kay | Arrivée | 18.09 |
| | Départ | 6.30 |
| Pho-Moi | Arrivée | 6.37 |
| | Départ | 6.39 |
| Thai-Niên | | 7.14 |
| Pho-Lu | | 7.48 |
| Thai-Van | | 8.19 |
| Bao-Ha | | 8.42 |
| Lang-Key | | 9.21 |
| Trai-Hutt | | 10.01 |
| Mo-Ila | | 10.30 |
| Ngoi-Hop | | 10.48 |
| Co-Phuc | | 11.11 |
| Yên-Bay | Arrivée | 11.31 |
| | Départ | 12.12 |
| Hanoi. | Arrivée | 17.20 |
| | Départ | 20.07 |
| Haiphong | | 23 h. |

# LE TOURISME

## HANOI

*Musée de l'Ecole d'Extrême-Orient* Rue de la Concession — Dimanches et Jeudis de 8 à 11 et de 14 h. à 17 h.

Archéologie et Arts. Indochinois.

*Bibliothèque de l'Ecole d'Extrême-Orient* Brd Carreau, ouverte au public aux heures de bureau. Ouvrages sur l'Indochine et autres pays d'Extrême-Orient. Littérature chinoise, japonaise, annamite, hindoue etc...

*Musée Commercial.* Près de la gare. Tous les jours de 9 à 11 et de 2 à 4.

*Musée Géologique et minéralogique* rue Laubarède. S'adresser au Chef du Service.

*Musée et Bibliothèque des mines* à l'Inspection des T. P. rue Fellonneau.

*Bibliothèque Centrale de la Direction des archives* rue Borgnis Desbordes. Tous les jours de 9 h. à 22 h. — Section de prêt de 10 h. à 20 h. — Fermée le Dimanche à midi.

*Jardin Botanique et Zoologique*

## HAIPHONG

*Jardins du Lach Tray, cercle sportif.*

### Stations balnéaires et d'altitude

Tonkin : *Tamdao*, 930 m 80 km de Hanoi par chemin de fer et auto Télég. Téléph. Electr. Hôtel de 42 ch.

*Chapa* 1500 m à 35 km de Laokay, Hôtel.

*Doson* bains de mer à 27 km de Haiphong service auto. Télég. Téléph. Elect. Hôtel.

*Baie d'Along.*

# SOCIÉTÉ DE TRANSPORTS AUTOMOBILES INDOCHINOIS

### MAISONS A HANOI, HAIPHONG, THAI-NGUYÊN, VINH

## SERVICES POSTAUX SUBVENTIONNÉS ET LIBRES

*Location en tous genres pour toutes directions
et toutes distances, par voitures
premières marques*

---

Agents de Renault, De Dion, Fiat, Ford

## PNEU MICHELIN

### *Fournitures en tous genres*

Maison absolument spécialisée dans l'automobile. Les ateliers de la société sont les seuls au Tonkin qui soient munis d'un outillage perfectionné. Ils peuvent entreprendre tous travaux mécaniques de précision, comme la construction de carrosseries, de canots, les montages de tous genres, l'installation de moteurs, pompes, etc... S'y adresser toutes les fois qu'on désire un travail bien et rapidement fait, de forge au pilon, tournage, taillage, fraisage, ajustage, équilibrage, rectification de cylindres, etc...

# BACH-THAI-BUOI, Armateur

## HAIPHONG

### Transports Fluviaux et Côtiers de l'Indochine

Service régulier de chaloupes à vapeur sur tous les cours d'eau navigables du Tonkin

**Service de Cabotage sur les Côtes de l'Indochine**

La maison vient d'affréter « l'ALBERT SARRAUT », cargo de 3.000 tonnes de la Flotte Indochinoise, pouvant faire les transports sur tous pays.

Pour tous renseignements s'adresser à la Direction à Haiphong et aux Agences de Saigon, Tourane, Quinhon, Bênthuy, Namdinh, Hanoi, Tuyênquang, etc....

---

# SERVICE FLUVIAL SUBVENTIONNE DU BAS-TONKIN

## P. ROQUE, Armateur à Haiphong

### Lignes :

| | |
|---|---|
| 1° — *Haiphong — Mui-Ngoc* (Moncay). . . | *Départ les :* Lundi, Mercredi et Vendredi. à midi |
| 2° — *Haiphong — Phu-lang-Thuong* . . . . | *Départ les :* Lundi et Jeudi à 18 heures |
| 3° — *Haiphong — Dap-Can* . . . . . . | *Départ les :* Mercredi et Vendredi à 18 h. |
| 4° — *Haiphong — Nam-Dinh* . . . . . . | *Départ les :* Lundi et Jeudi à 15 heures |
| 5° — *Haiphong — Hon-gay.* . . . . . . | *Départ les :* Dimanche, Mardi et Samedi à midi |

### Excursions en Baie d'Along :

*Prix réduits pour particuliers et Sociétés.*

# SERVCE FLUVIAL DU TONKIN

## F. SAUVAGE, Armateur

DIRECTION : 133, QUAI CLÉMENCEAU

### SERVICE SUBVENTIONNÉ

*Ligne de Hanoi à Viétri* ;    Départ à 10 h. les lundi, mardi, mercredi et vendredi.

— *de Vietri à TuyênQuang* :  Départ à 5 h. les mardi, jeudi et samedi.

— *de Vietri à Cho-Bo* :    Départ à 6 h. le mercredi.

*Excursions sur Cho-Bo, Yên-Bay et Tuyên-Quang
par vapeur monoroue de luxe*

**Lignes commerciales Haiphong-Hanoi et Hanoi-Haiphong**

**TRANSIT, CONSIGNATION, AFFRETEMENTS ET REMORQUAGES**

Le barrage naturel de Chobo, vue prise en aval

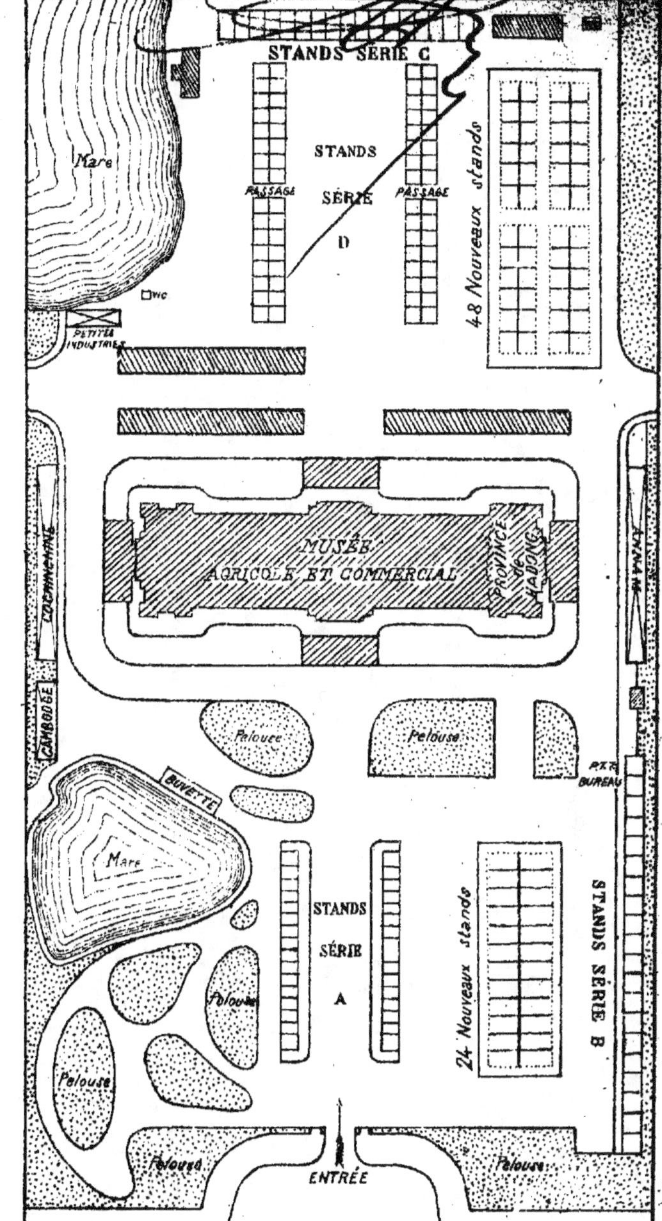

PLAN GÉNÉRAL
DE LA FOIRE DE HANOI
Mare
STANDS SÉRIE C
STANDS
SÉRIE
D
PASSAGE
PASSAGE
48 Nouveaux stands
WC
PETITES INDUSTRIES
COCHINCHINE
CAMBODGE
ANNAM
MUSÉE
AGRICOLE ET COMMERCIAL
PROVINCE de HADONG
Pelouse
Pelouse
Pelouse
P.T.T.
BUREAU
BUVETTE
Mare
Pelouse
Pelouse
Pelouse
Pelouse
Pelouse
STANDS
SÉRIE
A
24 Nouveaux stands
STANDS SÉRIE B
ENTRÉE
IMP. TONKINOISE, HANOI

www.ingramcontent.com/pod-product-compliance
Lightning Source LLC
LaVergne TN
LVHW021819170726
843503LV00007B/3278